灯し続けることば

大村はま

小学館

2003年10月　鳴門教育大学大村はま文庫にて

2004年4月　広島県尾道市立土堂小学校にて

まえがき

いろいろな場、いろいろな機会に恵まれて、私がお話をしたり書いたりしてきたこと、それがこのような形で、もう一度たくさんの方に届いていくことになって、うれしゅうございます。「握手!」と言って、みなさんに手を伸べたいような気持ちになっております。

それぞれのことばを拾い、まとめてくださったのは、小学館の箕形洋子さんです。「あ、このことばがとってある！」と、自分のことながら、思わず読み返したりしました。
折々にページを開いて、みなさんのお心に還っていくことばを見つけていただけたら……と思っております。

二〇〇四年五月一五日

大村はま

灯し続けることば　目次

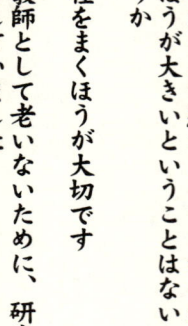

装幀　難波　園子
挿画　イワサキ　ミツル
写真　藤谷　清美
　　　水口　哲二・亀井　重郎
DTP　インスクリプト
校正　小林　順
編集　箕形　洋子【小学館】

灯し続けることば

今日の新たな一滴が要るのです

教師の仕事は、生きている子どもに生きた知恵を育てることです。そのためには、初々しい感動、新しい命のようなものが教師の側にないと、子どもを惹きつけられません。

学者の方でしたら、研究を深める、高めるということでいいのでしょうが、教師の場合はちょっと違います。何度も読んだ教材、何度も感動した作品であっても、教室に持っていくときは、新しく加わった感動が必要なのです。今日の太陽が昇って、昨日の自分とは違う新しい自分がいる、そういう激しい成長力のようなものが子どもを動かします。これまで研究して蓄えていた知恵が、そこで初めて生きた力となって、子どもに伝わっていきます。

人を育てるというのはそういうことです。積み重ねた努力、人柄の良さや、研究の深さ、子どもへの愛情、そういったもの何もかもを生かすには、今日の新たな一滴が要るのです。

熱心結構、いい人あたり前です

教師は一個の職業人です。「聖職」という方もいますが、私はその名に隠れて精神主義に偏っていく態度には賛成できません。心さえあればいい、熱意さえあればいいというわけではないと思うからです。熱心、結構です。いい人あたり前です。悪い人であったら、たまったものではありません。

なのに、教師の世界というのは、いろいろな職業と比べても、

「いい人」ということがかなり幅をきかせているように思います。他の社会では、仕事の能力と切り離して「いい人」をここまで尊重しないのではないでしょうか。いい人であっても、やはり業績を上げて、仕事をちゃんとやれる人でないと、価値を認められないのではないでしょうか。

教師という職業の拠って立つものは何か。子どもに一人で生きていける力をつけること、そのための技術を持っていることでしょう。それを忘れた「いい人」ではちょっと困るのです。

教師は、大いに尊敬されていい職業です

私が教師になった頃、教師というのは今よりもっとずっと尊敬される職業でした。それが、今はだいぶ変わってきているようで、どうも教師はあまり尊敬されていないようです。でも私は、教師は本来、尊敬されていい職業だと思っています。

教室ではいつも、一人です。会社のように監督されたり、指示を仰いだりということは、ほとんどありません。しかも相手は自

分よりも幼い、若い、弱い人ばかりです。しかっても、子どもは文句を言いません。子どもが喜んだ顔をしたからといって、手放しでうれしがっているわけにもいきません。教室というのは、そういうこわい世界です。

子どものようすに惑わされず、自分の指導が本当に正しいか、子どもに力をつけているか、それを見きわめ、自分で全部責任をとっていく存在なのです。ですから、大いに尊敬されていい職業だと思うのです。

しかしこのような覚悟がないと、優しければいい、子どもが好きだからいいというような、どうも甘えた考え方が強くなってしまうようです。

「カンカンで、誰かの手が止まりましたか」

私が尊敬する芦田恵之助先生が小学校の訓導をなさっていた頃ですから、だいぶ昔のお話です。

参観者のいる授業で、子どもに作文を書かせていたそうです。そのころ、鉛筆削りというのはありませんでしたから、教室の一角に鉛筆を削る箱があり、ナイフが備えてありました。作文を書いている子どもたちが、一人二人と鉛筆を削りに立ってきます。

静かに立って鉛筆を削ります。ところがその箱の横に花瓶があったので、子どもは削り終わると、その花瓶をはじいていくのだそうです、カンカンと。どの子もどの子も。

授業が終わると、参観者が先生のところへさっと寄ってきて、「先生、どの子もみんなカンカンといたずらをしていきましたのに、どうして一言もご注意なさらなかったのですか」と尋ねました。

芦田先生は、「あのカンカンで、誰かの書いている手が止まりましたか」と静かに答えられたそうです。

「いいえ」と参観者が言うと、「それでいいではありませんか。私が注意でもしたら、みんなの手が止まってしまいます」。

常識的で一般的な正しさ、こういうときはこうするのだという固定した見方にとらわれないようにしなければならない。本当に注意する必要のあるときは案外少ないものだ……。

私は教師として、日々このお話を思い出していました。

子どもの目に映る顔であることを意識していたいものです

子どもがみんなの前で発表することがあります。終わって、拍手を受けたりしながら子どもは、瞬間、指導者のほうを見るものです。そのときに教師は、必ず子どもと目を合わせることができるようにしたいものです。子どもの目に映る顔であることを意識して、ねぎらいの気持ちをこめて目を合わせたいものです。

そのときに教師が、クラスを見回していたり、下を向いて評点らしきものを書いていたり、窓の外に目をやっていたりしたら、発表した子どもはどんなに寂しいことでしょう。あとで、「よくできましたね」と言われても、もう、そのことばのいのちはありません。

熱心と愛情、それだけでやれることは、教育の世界にはないんです

これから教師になる若い方が、今の気持ちをきかれて、「自分には何もできないけれど、教育への愛がある、真心がある、これでやっていくんだ」とおっしゃっていました。そこらへんが不安です。

熱心と愛情、それだけでやれることは、教育の世界にはないんです。子どもがかわいいとか、よく育ってほしいとか、そんなこ

とは大人がみんな思っていることで、教師だけのことではありません。そんなものを教師の最大の武器のように思って教師になったとしたら、とてもやっていけないと思います。

教師としては、人を育てる能力、教師の教師たる技術を持っていなければ困ります。たとえば、お話ひとつとっても、魅力的に話せる、騒いでいた子どもが思わず耳を傾けるようなお話ができなくてはならないのです。

したことの悪さより、しかられた傷のほうが大きいということはないでしょうか

私は不器用で、小学校のころは図画が本当に苦手でした。他の科目で「甲」がそろっても、どうしても図画が「乙」なんです。

小学校五年生の秋でした。うちわの形が描かれた画用紙が配られて、そこに植物を題材にした帯模様を描くという宿題が出されました。私は庭先のぶどう棚をヒントに、ぶどうのつる、葉、実を描き、水彩絵の具で色をつけようとしました。ところが絵の具

がきれいにのらず、どんどん汚い絵になってしまいます。思わず涙がこぼれました。

そのころ、私の姉が肋膜炎で絶対安静ということで隣の部屋で寝ていました。その姉が私のすすり泣きを聞きつけて「持っておいで」と小さな声で言ったのです。水さえ吸い飲みでちびちび飲むという状態だった姉が、絵の具を筆にふくませて、ちょっちょっと手を入れてくれました。もともと絵の大変上手な姉のことですから、みごとに絵がいきいきとしてきました。

私はうきうきして、翌日、大事に捧げるようにして持って、登校しました。先生が一人一人の絵を受け取ってくださり、翌日には、上手に描かれたものが掲示板に貼り出されていました。なんとその中に私の絵もはいっていたのです。「はまちゃんの絵、上手！」という声もして、私は不思議な幸せを感じていました。

その絵が返されたとき、裏に桜の花三つの印がありました。「たいへんよい」という意味です。私は図画でこんないい評価をいただいたことはなかったので、夢のようにうれしくて、ぼうっとしていました。

長じて教師になってから、このことを思い出しました。ベテランの先生は、一目で、それが私一人の力で描いたものでないことを見抜かれたと思います。正しくないことですから、そこで、私がしかられてもしかたのないことです。しかしそれによって、私は大変悪いことをした子どもとして、消しがたい傷を負うことになったでしょう。

そのとき、私の心の中では、悪いことをしよう、だまそうなどという気持ちはまったくありませんでした。先生も、今までこんなことをしたことはない子だし、今後同じことをする子どもでもない、そして誰にも迷惑がかからないことだと判断されたのでしょう。だから、黙って受け取り、貼りだして、よい評価までくださった。私の小さな一度の幸せを守ってくださったのだと思います。

昨今、しからなくても大過ないことを、常識のものさし、「きまりだから」ということで軽率にしかることが、教育の現場でよく行われているようです。そのときにしかられた傷のほうが、したことの悪さより大きい、そんな過酷なことがないように……。

私はこのときの先生の心の深さ、子どもへの愛情の深さに、あらためて頭が下がる思いがします。

種をまくほうが大切です

子どもはほめることが大切です。でも、いいことがあったらほめようというのではなく、ほめることが出てくるように、ほめる種をまいていくことを考えたいと思います。そうせずに、いいことがあった子、よくできた子だけをほめていくと、まんべんなくほめるというわけにはなかなかいきません。

また、少し学年が上になりますと、ほめるに値しないことをほめられたときは、喜ぶよりも、むしろいたわられているような辛い気持ちになるのではないでしょうか。

教師は、ほめる大切さと、ほめる種をまく大切さを並べて、いえ、種をまくことのほうを重く心にとめておきたいものです。

教師として老いないために、研究授業をしていました

私は現役の中学教師の頃、毎月一回の研究授業をして、いろいろな方に見ていただいていました。そしてそのときは、誰も使ったことがない、教科書にはもちろん載っていない、新しい教材を用意し、自分でも一度もやったことのない方法を開拓してやりました。ですから、一か月の間、苦しみます。どうやったらいいかわからないときは、やせる思いで駆け回りました。

何十年も教師をやっていますから、今までにやった方法でいいなら、すぐにでもやれます。でもそれでは老いてしまうのです。精神が老いてしまうのです。ですから、その研究授業は、誰のためでもない、自分が教師として老いないため、未来に対して建設を続けるためのものでした。

いくらベテランであっても、研究する態度を失った教師は、どんなに優しい声や手練手管を使ってみても子どもの気持ちをつかめません。もう、子どもとは違った世界の人になってしまっているのです。

伸びようという気持ちを持たない人は、子どもとは無縁の人です

一人前の教師としての職業技術を十分に練っていなければと思い、そのために、私たち教師は研修や研究会に参加します。それは職業人として至らないところを鍛え合い、さらに高いところをめざす機会であります。

ただでさえ忙しい中、研究会に参加するのは大変なことですし、やったからといってすぐに効果は上がりません。しかしもう一つ、

研究する・研修することには、大切な意味があります。

　子どもは、高いものにあこがれ、自分をそこまで成長させよう、前進させようとひたむきに願っています。身の程を忘れてと言いたいほど、伸びよう、伸びたいと思っています。そのせつないほど伸びたい気持ちと、研究や研修を通してこそ、私たちは共感していけるのです。学ぶことの苦しみ、そして少しの喜びを、子どもと同じように感じられるのです。そういう魂を持っていれば、世代を超えていつまでも子どもと共にある、と言えるのではないでしょうか。

　年齢的には若くても、伸びようという気持ちを持たない人は、子どもとは無縁の人です。

教師の世界だけで通用する言い訳があるようです

いい社会人の大人が、「一生懸命やったんですが、できませんでした（売れませんでした）」なんて言ったとして、それが何かの言い訳になるでしょうか。「ばかなことを言うな」としかられるだけではないでしょうか。どんなに一生懸命やろうと、結果が悪い責任はその人個人が引き受けなくてはならないのですから。

しかし、教師の世界だけで通用する言い訳があるようです。保護者を呼んで、「一生懸命指導しているんですが、お宅のお子さんはどうも成績が上がりませんね。もう少しおうちで勉強させてください」と言ったりしても平気なようです。保護者のほうも大変恐縮して、家に帰って子どもをしかったり、塾に行かせたりするでしょう。子ども自身も、「自分の勉強が足りないのだ」と思うようになっています。

一般社会と違って、相手を責めても向こうは怒らないという習慣になっているのです。教師というのは、そういう意味で、とてもこわい仕事です。勉強のことは、どこまでも自分の責任と思って指導を工夫するのが、専門職としての教師ではないでしょうか。

放課後、教室の窓が開けっ放しだったようなとき、警備員さんから「先生のクラスの窓が開けっ放しでしたよ」と注意されて、「閉めるように注意しているんですけれど」などと言うのも恥ずかしいことです。

開いていたという責任は逃れられません。注意したけれど、それが実行されなかったということは、自分の言い方が悪かったか、徹底していなかったからだと反省すべきことです。

子どもの頭の状態を常に見通していなくてはなりません

子どもが楽しそうに学んでいる姿は、教師の幸福です。でも、どんなに楽しそうにしていても、それが価値のある頭の働かせ方なのか、程度の低いところで単にスムーズに進んでいるから明るいのではないか……子どもの頭の状態を常に見通していなくてはなりません。浮かれすぎていたら止めたり、考えの向きを変えさせたりするのが、教師だからです。「面白かったけれど、力はつかなかった」では困るのです。

とくに、工夫した新しい授業を子どもは喜び、いつもと違っているだけで、いきいきしてきます。「今度の学習は楽しかったです。またやりたいです」などという感想を書いたりしますが、それで教師が安心してはいけません。

本当によかったかどうかは、教師としての目で、自分でしっかり見なくてはいけないのです。教師はそれで有頂天になってはいられないのです。うれしければうれしいほど、確実に成長しているかどうかを反省して進めなくてはいけないということです。

自分が自分らしくないときには、小言を言わないようにしていました

子どもをしからなくてはいけないことが起こったとしても、しかるときは、教師自身が心身爽快のときに限ります。風邪を引いていたり睡眠不足だったり、どこか心が暗く元気がないときは、小言を言わないほうがいいようです。そのようなときに小言を言うと、ことばが多すぎたり言いすぎたり、調子がきつすぎたりということになりやすいからです。

自分が明るく平静な気持ちのときには、言うべきことをぴしっと言えるでしょうが、そうでないときは慎むべきだと思います。自分が自分らしくないときに小言を言うのは、こわいことです。

そして不思議なことに、「今日はやめておこう」と思って慎んだ小言は、二三日たつと、言わなくてもかまわなかったことになってしまっているのです。

「仏様が、ちょっと指で車に触れられました」

私が若い頃、奥田正造先生から聞いたお話です。

「ある時、仏様が道ばたに立っていらっしゃると、一人の男が荷物をいっぱい積んだ荷車を引いて通りかかった。ぬかるみがあって、車はそれにはまってしまい、男が懸命に引っ張っても抜け出せない。男は汗びっしょりになって苦しんでいる。仏様はしばらく男の様子を見ていらしたが、やがてちょっと指でその車に触れられた。すると車はすっとぬかるみから出て、男はからからと車を引いて去っていった」というお話です。

奥田先生は、「こういうのが本当の教師なんだ。男は仏様の力にあずかったことを永遠に知らない。自分が努力して、抜け出したのだという自信と喜びを持って、車を引いていったのだ」とおっしゃいました。


このお話は、日が経つにつれ、私にとって深い感動となりました。

もし仏様のおかげだと男が知ったら、ひざまずいて感謝したでしょう。それも喜びだとは思いますが、男が一人で生き抜いていく力にはならなかったでしょう。一人で生きていく自信、真の強さにはつながらなかったのではないかと思うのです。

私が子どもを教え、そのおかげで力がついたとわかれば、子どもは感謝するでしょう。でも、「おかげ」と思っているうちは、本当にその子の力になっているのではないのです。

生徒が、自分の力でがんばってできたという自信から、生きる力をつけるように仕向けていくことが、教師の仕事なのだと思います。

子どものコップは小さいから……

子どもがコップを持って、自分の身体を養う物を飲むとします。教師はそのコップに栄養のあるいい飲み物を入れるんですが、入れると教師は満足して、もっともっと入れようとするんです。でもそれは、子どもが飲み終えて、もっとほしいと思ったところに入れるのがこつ。飲んでいないところへ入れても、こぼすだけです。

なのに、「入れた」という自己満足が教師をたぶらかします。

あれだけ入れたから身についたと思うでしょうが、子どもが飲み終えていなければ、こぼすだけです。

私は折にふれて、「子どものコップは小さいから」と思うことがありました。飲んだところを見計らって、それから次のものを入れようとしておりました。なかなか飲まない人もいますし、早く飲む人もいます。

とにかく、飲んでいないコップにまた入れる、というのは、愚かなことだと思います。

わかっていても言えないこともあります

教師がよく使うことばに、「わかっているなら言えるでしょう。言えないのは、わかっていないからです」ということばがあります。これは道理に合わないと思います。

わかっていなければもちろん言えないかもしれませんが、わかっていても言えない事情がある場合もあります。大人の世界では普通のことですが、子どもにも子どもの世界なりの秘密があることだってあります。

また、わかっていることがそのとおり口に出せる、あるいは書けるというのは、容易ならざることです。わかる力と表す力は別のものです。「わかっているなら言えるに決まっている」、そう簡単に決めつけられるものではありません。まして、それで責められては困ります。

教師としては、この二つの能力を測る観点に混乱があるとも言えます。

進歩がなくても、残念がらないことです

子どもたちが無用に争ったり競ったりせず、自分にできることを力いっぱいやっている教室、そこには穏やかで、安らかといってもいい雰囲気が生まれてきます。そんな雰囲気をつくるためには、もちろん学習の内容や方法が適切でなくてはなりませんが、それだけでなく、教師が、悠々としていることも必要です。

何か失敗があると、子どもは瞬間、教師を見ます。そのとき

悠々として常と変わらず、子どもをほっとさせたいのです。

出来不出来を大きくほめたりけなしたりしないことも、その一つです。ほめるならいいだろうと思われるかもしれませんが、そうでもないようです。ほめられると思っていたのに、ほめられなかった子もいるでしょう。ほめられっこないと悲しい気持ちになる子もいるでしょう。ことに大げさなほめ方は、派手な装いと同じで、落ち着きを失わせます。

「こんなこともわかっていなかったのか」とびっくりするようなことは始終ありますが、そのたびに、どうしよう困ったなあと思ったりすると、それを口に出さなくても、子どもには伝わっていくものです。そしてそれが、みんなの穏やかさを破ります。

どうしても言っておきたい注意がありましたら、その子のノートの端に書く程度にします。声に出さないほうがいいのです。

自分の教えかたのまずさに気づいて自分を責めたくなったり、子どもの進歩がないことにあわてたり、驚いたり、残念がったりせず、明るさを持ち続けることです。「よしよし、今日だけ教えているのではないのだから、またの折りに」と、おまじないのように私は唱えておりました。

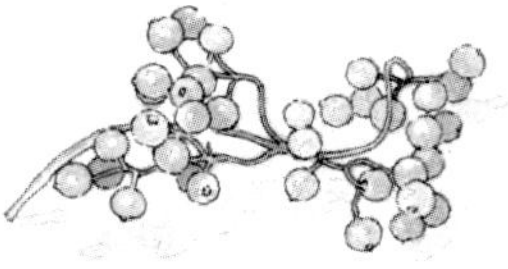

獅子でなければ死んでしまうでしょう

学習の最後の場面などで子どもに、みんなの前で発表させることがあります。このとき、教師はその子に十分な指導をし、人を惹きつけ感心される発表になるよう、準備をしなくてはなりません。

それが不十分なゆえに、その子が人前で恥をかくようなことになったら、その責任は教師にあります。子どもにすまないことです。あやまっても取り返しのつかないことです。その子はどんなに辛いことでしょう。

恥をかいたから奮起して、何か次の段階に進めるというのは、それだけすぐれた力のある子どものことです。普通の子どもは、友達みんなの前で失敗したり恥をかいたりしたら、気が滅入って二度としたくなくなるでしょう。

「獅子の子落とし（獅子は子を、千仞の谷から突き落として鍛える）」ということばがあります。獅子の子ならば、それは再び登ってくるかもしれません。でも獅子でなければ、突き落とされたら死んでしまっておしまいなのではないでしょうか。

そのほかのことは、うれしかった思い出にすぎません

子どもと遊ぶとか頭をなでるとか、そういうことも子どもへの愛情の一つの表現かもしれませんが、それだけで愛情を表しきれるものとはお思いにならないでしょう。教師としての子どもへの愛情は、子どもが私の手から離れたときに、人間として一人で生きていく力を身につけさせることだと思います。それができなかったら、子どもを愛したとは言えないのではないでしょうか。国

語教師としての私の立場から言えば、そのときに十分なことばの力が身についているということです。

日常の話したり聞いたり、読んだり書いたりするのが十分で、何の抵抗もなくそれらの力を活用していけるようになっていたら、それが私が子どもに捧げた最大の愛情だと思います。

後になってみれば、一緒に遊んでもらった、頭をなでてもらったなど、そのほかのことは単にうれしかった思い出にすぎません。生き抜くときの力になっていない単なる愛は、センチメンタルなものだと思います。

教師が少しは傷つかないと、子どもはつまらないのです

小学校の上級生ぐらいからでしょうか、子どもは教師に意地悪やいたずらをすることがあります。いやがりそうなことをわざとしてみて、何と言うか、怒るか、様子を見ているのです。わざとたるんだ足音で教室にはいってきて、教科書やノートをばんと机の上に置いて、「今日は何をするんだったかなあ」と言ってみたりします。そのとき、「ちゃんと予定表を渡してあるの

だから、何をするかわかっているでしょう」などとむきになって応じたりするのは愚の骨頂です。子どもの計略にうまくはまってしまった、ばからしいことです。

といって、まったく無視して聞こえなかったように平静でいればいいかというと、違うのです。それでは子どもは満足しないのです。いたずらした甲斐がなくて、つまらないのです。

ここで、教師には一つの演技が必要になります。そのことばは耳にはいったよ、少し傷ついてイヤな気持ちになっているということを示すわけです。私は、そう言った子どものほうをちらと見るという態度をとっていました。

子どもはそういうばかばかしいことをしてみたい未熟な存在で

す。それを大人にしていくのが教師の役割なのです。本気で怒ったのでは、大人たる教師としておかしいし、知らん顔をしていると、先生は自分たちの世界にはいない遠い人のように思えてしまうのです。

上手に、子どもの気が済むようにもっていく演技のしかたを、教師は身につけなくてはなりません。

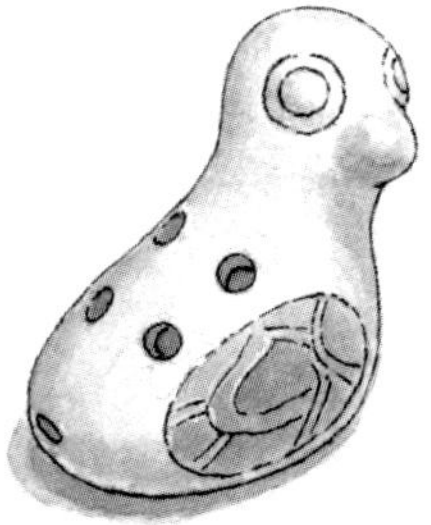

子どもほど、マンネリがきらいな人はありません

大人もくどいことや繰り返しはきらいですけれど、子どもは、その度合いがいっそう強くて、子どもほど、マンネリがきらいな人はありません。「二度言うとかぜをひく」ということわざもありますが、二度めというのは、どんなことであっても魅力が少ないようです。

めずらし好みで言うのではありませんが、子どもの心に訴えた

いと思ったら、新しい方法に限ります。二度めだったら、どんなに成功したことのある方法でも、多少つや消しになるのはまちがいありません。

授業中の子どもへの問いかけでも、言い方をどんどん変えていきます。二度は同じ形で聞かないようにして、変化をつけます。

変化があると、子どもはいきいきしてきます。新鮮というか、眠っていない状態になります。教室というところは毎日のところですから、そういう小さなことで少しずつ少しずつ揺すって、雰囲気を更新していくのです。

いかに言い訳しても、子どもがだめなのは、教師の不始末によるのです

敗戦後、新制中学ができました。それまで女学校で教えていた私は、なんとか新しい日本のために身を投じたいという思いで、中学校の教師に転出しました。東京の深川第一中学校でした。

大変な時代です。ここも空襲で焼けてしまって、教室などありません。ガラスやコンクリートのかけらが散乱した講堂、窓ガラスもなく火熱でくねくねした鉄の窓枠、黒板もなければ教科書も

ない、鉛筆もノートもありません。

子どもたち自身も、強制疎開から帰ったばかりです。親たちもその日その日の食べることに追われて、子どもをかまうゆとりもありません。ですから、子どもは元気にわんわん駆け回るばかりで、私が「静かに」などと言っても耳に入るものではありません。

私は立ち往生してしまいました。今まで教えていた女学校の生徒とはまったく違います。人間の子どもという気がしなくて、駆け回る子どもたちを呆然と見つめていました。

戦争中に私と家族は空襲を避けて、千葉県の我孫子に疎開していました。そのとき、いろいろな品物を傷つかないように新聞紙でくるんで運びましたので、うちには古新聞紙がたくさんありました。その新聞で教材を作ろうと私は思いつき、新聞を切りぬいて、一つ一つ教材を作っていきました。コピーなどありませんから、一人一枚として何百と作らなくてはなりません。そしてそれぞれに「学習のてびき」のようなものも作って添えました。どうして新聞を教材にと思いついたのかは、わかりません。そこらへんに散らばっていたからかもしれません。

家にあったちびた鉛筆数本とその教材を持って、学校へ行きました。子どもたちは、相変わらず騒ぎ回っています。たまたま私のほうに走ってきた子どもを、私はぱっと羽交い締めにしました。そして「これ、やりなさい」と一つの教材を渡しました。もう一人捕まえて、別の教材を渡しました。

十人ぐらいに渡したころ、ふと教室の後ろの一角が静かになったような気がしました。何をしているのかと見ると、さっき教材を渡した子が、くにゃくにゃに曲がった鉄の窓枠のわずかに平らなところに新聞紙を当てて、一生懸命なにか書いているのです。その隣の子も、紙のしわを伸ばして、じっと読んでいます。

その子どもの目は、真剣そのものです。きれいに澄み切った、まさに人間の子どもの目でした。

私は、隣の小さな部屋にはいって、感動の余り、思わず泣いてしまいました。学ぶことの尊さに胸がふるえました。

こんなに真剣に純粋に子どもは知恵を求め、伸びたいと願っているのです。それなのに教師のほうで、適切な教材を与えられず、まちがったやり方をしていたから、だめだったのです。

それ以来、私は子どもがだめなのは、どんなに言い訳をしてみても、やはり教師の不始末のせいなのだ、と自分に言い聞かせていました。それは職業人としての教師の責任なのです。

教師は、渡し守のようなものでしょう

卒業生がいつまでも遊びに来て、先生先生と慕ってくれるのがうれしいという方があります。もちろん、そうでしょう。

でも私は、子どもが卒業していったら、私のことは全部忘れて、新しい学校、新しい友達に慣れて、新しい自分の世界を開いていってほしいと思います。

教師は渡し守のようなものだから、向こう岸へ渡した子どもたちにはさっさと歩いていってほしいのです。そして私はまた元の岸へもどって、次のお客さんを乗せてこぎ出すのです。

「どうぞ新しい世界で、新しい友人と、新しい先生について、自分の道を開拓していって」と思いつつ、子どもを見送っています。

教室で、私は子どもがかわいいなんて思ったことはありません

教室で、私は子どもがかわいいなんて思ったことはありません。

もちろん、かわいくないと思ったこともありません。

かわいいとか、かわいくないとかの世界ではないのです。教えることが忙しくて、そんなことを思っているひまがないのです。

あの子にはこれを、この子にはこんなふうにと、次々に手を打たなければならないことがいっぱいで、ほかのことを考えるひま

がありませんでした。
　そうしてやっていくことが、結局は子どもをかわいがっている
ことではないでしょうか。

興味を持つべきところに、子どもを連れて行くのが教師です

子ども中心の授業、子どもの興味・関心に沿った授業が、大変よいものとされているようです。

でも、子どもというのは大変未熟な人たちで、自分が何に興味を持っているのか、よくわからないことがしばしばです。あるいは、ちょっとそれたほうに興味を持っていることもあります。そんな人に「あなたの興味を持っていることは？」ときいて、そこ

から自然発生的に授業をしようとしたら、大変レベルの低い、あるいは狭いものになっていきます。

これとこれをしなくてはならないのに、子どもが「やりたい」と言わないからやらないというのでは、教育にはならないのではないでしょうか。

子どもがそのとき、興味を持つべきことに興味を持つように連れて行く、指導する、それが教師だと思います。子どもの興味を大事にするけれど、ぜひ関心・興味を持ってくれなければならないことに、きっちりと、向けて行かなくてはならないのです。ただ子どもの後をついていくのではないのです。かといって、先生の押しつけではありません。

素人がやりますと、「人にすすめられた」「押しつけられた」という感じを与えてしまいがちですが、本当の教師なら、ぐんと引っ張っても子どもはそんな気がしないで、自分から発したもののように感じるのです。そこが腕前です。もちろん、それには時間をかけて、いろいろと工夫をします。ですから子どもは、それが自分の中からわいたものというような気持ちになって、学習を自分のものにする意識になるのです。

力は使い切ったときに伸びるものです

持っている力というのは、使い切ったときに伸びるもののようです。大してない力でも、ありったけ使うと、またどこかからわいてくるのです。

誰かが哀れに思って、与えてくれるのではないかと思うほどです。

ですから、少ししか使わないと、力は伸びない、生まれてこないようです。かわいそうになるほど、持っている力をみな使ってしまうことが、次の力を得るもとになるのだと思います。

自然に背筋が伸びるようにするのが技術です

「よく読みなさい」「じっくり考えてみなさい」

教師はこんなことばをよく使います。でもそれは安易に過ぎることばです。誰にも言えることです。

「よく読みなさい」と言わなくても、子どもがよく読んでしまった、知らない間に読みひたっていたというふうにもっていくのが、教師の教師たるところでしょう。それあってこそ、教師という専門の職業が成立するのだと思います。

「姿勢をよくしなさい」と言って指導するのは素人でもできることです。そういう、もう子どもが聞き慣れてしまったことばを使うのではなく、自然に背筋がぴんと伸びるようにするのが、専門職たるゆえんだと思います。こういうときは、いいお話をするのが一番です。話に引き込まれると、子どもは少し前に乗り出したような形で、腰がぴんと立ってきます。

自然に姿勢がよくなっている、これが教師の技術です。

教師がいじったからといって、個性は壊れたりしません

戦後の教育で最大の失敗は、教師が教えなくなったことだと、私はつくづく思っています。「子どもの個性・主体性を尊重する」ということばが、「教える」ことを背後に押しやっていったようです。

たとえば、作文の授業のときに、生徒が書いている間、教壇のところでじっと見ている、あるいは忙しいからといって教壇で別

の採点をしていたりする方もいます。「さあ書いてごらん」と原稿用紙を渡されただけで、子どもは書けるものでしょうか。他の子どもがすらすら書いていたとしても、書けない、何を書いていいかもわからない、そんな苦しんでいる子どもはいないでしょうか。生徒の間を回って、書く題材のヒントを言ったり、ちょっと書き出しの文を与えて「そこから先を書いてごらん」と示したり、いい表現が見つかるようなヒントを出したり、そういうのが教えるということではないでしょうか。

そういうことをすると、子どもの個性が損なわれる、主体性がなくなると批判なさる方があります。でもこうして基礎的な力を身につけた人が、それから個性を花開かせていくのです。あとで作家として立つような人が、教師が書き出し文を与えたために個性を失って型にはまってしまったなんてことがあるでしょうか。

本当に特殊な才能というものは、私たち教師が三年や五年いじったからといって、壊れはしないでしょう。それに、ほとんどの人は天才ではありません。教師が教えてくれること、それによって伸びることを心の底から待っているのです。

子どもに向かって、「忙しい」は禁句です

教師の仕事は本当にたくさんあって、またすればするほど、次の仕事が見つかるという具合ですね。それで「忙しい」ということばが飛び出してくるのですが、少なくとも子どもに向かって「忙しい」というのは禁句です。

自分が何か聞こうとしたり見てもらおうとしたときに、先生から「忙しい」と言われたら、何か排除されたような、拒絶された

ような気持ちがするのではないでしょうか。直接「忙しいから、だめ」と言われなかったとしても、忙しそうにしていると、子どもは、遠慮しなければ……という気持ちになるでしょう。

子どものことは、どんなに忙しくても、他のことを何とか都合して、ゆっくりやらなければならない、教師の本来の仕事です。忙しいのは事実であっても、他の仕事のほうを工夫すべきです。「忙しいから、あとで見ておきます」と言わずに「ああ、ちょっとそこに置いてね」と言って受け取ればいいのです。「忙しい」と口に出しても、忙しさはちっとも減らないのですから。

〝一生懸命〟はあたり前です

子どもたちが発表のときに、「下手かもしれないけれど、一生懸命やったので聞いてください」などと言うことがあります。私は、こういうことばを言わないようにと指導してきました。みなさんに聞いてもらう発表の準備をする、それは一生懸命やるのがあたり前でしょう。

一生懸命やったけれど、それでもよくできなかった……それは若い、まだまだこれからの人たちにはしかたのないことなのです。「一生懸命」というのは、聞いていた人が発表者に言ってあげることばです。あまり上手でなかったときに、「一生懸命さに打たれた」「一生懸命努力した跡が読みとれた」などと言って励ますことばなんです。だから、自分のことを「私は一生懸命やった」と言うのは、人の批評をうかがって自分を鍛えていこうとする人のことばではない、甘いことばのような気がします。

自分を伸ばしてくれない教師だったら、その子たちにとって害になるのではないでしょうか

中学校で教えているときのことでした。文法の単元学習を工夫して、楽しい授業ができたとほっとしていたら、一人のよくできる子どもがいつの間にかそばに来ていました。そして、「先生、ストレートに教えてください」と言ってきたのです。

本当に寒気がしました。「はい」と言ったきり、物が言えませんでした。

こうだと説明すればわかってしまうのに、その日、私は自分で発見させるような形の授業をしていました。それはそれなりによい案だったと思いますし、クラスの大半の子どもにとって、楽しい学習であったと思います。しかし、この一人の子にとっては適切でなかったのです。そういう子どもが、率直に私に言いに来るように育てていたことが、私のせめてもの慰めでしたが。

そういう優れた子どもがいるのです。なのに、その子たちを十分に伸ばしていないのだったら、その子たちにとって私は害になることでしょう。そういう子どもも、骨を折って一生懸命に取り組む授業をできなかったということは、教師として本当に恥ずかかしいことだと思います。

もう一つ、私を深い反省に導いたことがあります。

その子は一時間の授業の間、どんな顔をしていたのでしょう。つまらなそう、退屈そう、ちょっと笑っていたかもしれません。それが、少しも私の目に残っていなかったということでした。

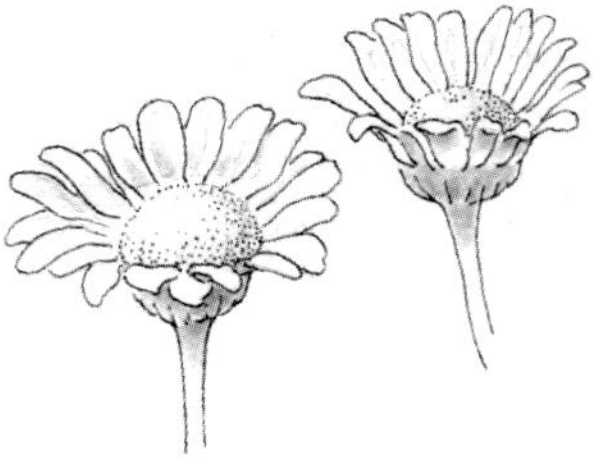

スタートラインが一緒でも、ゴールには同時に入りません

昔から一貫して行われてきた授業の風景、先生が新しいことを説明なさって、そして問題を与えて「さあ、やってごらん」となります。

でも、人でも馬でも「さあ」と言って走らせて、同じ速度で走っていくなんて奇跡は、まず起こりません。説明したらみな同じ程度にわかって、同じ歩調で進むと、本気で先生は信じているの

でしょうか。

スタートラインが一緒で、同じ教材で、同じ方法でしたら、同時にゴールに入らないのがあたり前です。そんなところから、劣等感や優越感が生まれるのです。それは教室の修羅場です。

そしてそういった感情は、成長しようと思う心の一番の妨げとなるものなのです。

胸のときめきがない教材では、授業をしたくありませんでした

私が行っていた授業は教科書に頼らない授業、自分で資料を豊富に用意した単元授業でした。

ですからたくさんの本を買って読んで、本以外の資料も探して、準備は大変でした。でも、せっかく用意したのだからと、その教材を使って何度も授業するということが、私にはできませんでした。

二度めになると、初めて教材を見つけて用意するうれしさがわいてきません。私自身がいそいそと教室に入れるのは、新しい物を持って行くときだけなんです。それを一度味わうと、そのときめきがないものを持って教室に行くことがいやになります。

それに、自分が前の授業でよくわかっている展開、こなしてしまった教材、それらをやるときには自分の心の中に小さな慢心が生まれます。謙虚さが減ります。そして自分だけにわかる程度かもしれませんが、一生懸命になる、その程度がちょっと違うのです。

子どもは新鮮さに感動します。私自身が、新しいものへの小さな不安と期待を持ちつつ、子どもに向けて、その教材を提供している、それが子どもを動かすのです。

なのに、二度めだと、子どもと同格に胸がときめかない。それが、私はいやだったのです。

優劣のかなたで、学びひたる体験をさせたいのです

教材がその子に合った適切なもので、そして指導もまた適切な場合、一人一人の子が自分の力いっぱいに読み、調べ、学びます。ほかの子どもと比べて、できるとかできないとかがまったく頭に浮かばないところに、しばし身を置いているのです。それは、ほんのひとときで、また下品なことを考えたり、つまらないことにくよくよしたりするところに戻ってしまうでしょう。

けれども、たとえひとときであっても、そういう世界から離れた体験をさせることの値打ちは大きいと思います。誰より優れているとか劣っているとか考えるのは、一種のゆるみです。そんな優劣を超えた、いわば優劣のかなたで自分の学習にひたることが大切なのです。

そこでこそ子どもは成長し、その実感と喜びを知るのだと思います。

できない子の世話は、たやすいことです

教師ならよくおわかりでしょうが、勉強ができない、わかっていない子の面倒を見るのは、比較的たやすいことです。それに、それは教師として当然しなくてはならないことですし、そういう訓練も積んできていることと思います。それを行えば、いい先生だと誰もが評価してくれるでしょう。

ところが、そういう子どもの面倒を見るとか、落ちこぼれた子

を出さないということばかりに目が行って、できる子どもを伸ばすことがおろそかになりがちのようです。

国語で言いますと、ある文章を読むとします。一読して、わからないことばもない、要旨もつかめた、自分の意見も生まれたという子どもが、クラスに何人かいます。それなのに、読みとれなかった子を中心にして、「どこで段落が切れるか」「中心になることばを拾ってごらん」などと、全員に問いかける授業を見かけます。先の優秀な子どもたちには、まったく必要のないことです。その子たちは飽きてしまって、授業がばかばかしくなります。なんら自分を開発してくれる時間ではないのです。

力のある子どもを伸ばす、精いっぱい学ぶ姿にもっていくには、教師のほうにそれだけの実力がいります。その子のすぐれた力をはるかに上回る幅や高さがなければ、夢中にさせられないのです。「優も劣も」といったときに、どうも教室では「劣」のほうに重みがかかってしまい、その子たちの面倒を見ることで教師が満足して、「優」の子を退屈させてしまうことが多いようです。それが教室の魅力を失わせているのです。

仕事がたとえ実を結ばなくとも……

あるとき、新聞に梅の花についての記事が載りました。梅の花は他の木から花粉をもらわないと、花は咲いても実を結ばないと書いてありました。

やがて梅の季節になりました。私の住んでいたところの門の左右に白梅と紅梅の木があったのですが、ひょっと見ましたら、白い梅がたった一輪、咲いていました。何とも言えない、いい香りで、私は「たった一輪、友達もいないのに咲いているんだな」と思いました。この花は、他から花粉をもらえなくて実を結ばないのだろうな、でも、早春のすがすがしい朝の喜びと、すばらしい香りを私に与えてくれたのだから、この美しさは変わらないのだなと思いました。

人の仕事もそういうことがあるのかもしれません。一生懸命やった仕事がたとえ実を結ばなくとも、咲く美しさだけ、仕事をしたことが値打ち、というものもあると言えるのではないでしょうか。

心の中に、百のお話を

教師は教えている子どものことを本当によく知らなければ、何もできません。では、どうしたら知ることができるのでしょうか。「何々は好き?」「何をどう思う?」なんて聞くのは、愚の骨頂だと思います。そんなこと聞いたって、子どもは本心から答えてくれません。

私は根っからおしゃべりなので、子どもに向かっても、しょっちゅうお話をしました。教室での授業中のお話でなくて、放課後や廊下の片隅などで、一人でも二人でも、そこにいる子に対して、私が話したいと思っていることを話しました。教師というものは、とくに国語の教師は、自分の胸にたくさんお話を持っていることが条件だと思います。

とりたてていいお話でなくていいのです。かといって、くだらない話というのでもなく、生活の中で見つけたなんでもない話、本で読んだちょっと面白いエピソードです。

ただ気をつけなくてはいけないのは、いつ、どこで、誰に話しても、相手を傷つけることのないお話であるということです。子どもはいろいろな家庭環境にあります。ちょっとしたエピソードが、傷や悲しみに触れることもありますから、そこのところは要注意です。それでいて、ほんわりとした雰囲気が生まれるようなお話を、百ぐらい胸にしまっておくといいと思います。

そんなことを話しているうちに、今度は子どものほうが口を開いてきます。そうしたら、今度は身体全体で聞く姿勢をとります。そういった中に、子どもの本当の姿が浮き出てくるものだと思っています。

ことばを豊かに使えることは、人間らしいということではないでしょうか

子どものことばが悪くなった、という、保護者や先生方の心配のお声を聞くことがあります。でも私はことばが悪いというのは、あまり気にしないでいいと思っています。「悪いことば」は、大人になってくるにしたがって、使ったら恥ずかしい、「こりゃいかん」ということに気がついていくはずです。

それよりも、子どものことばが貧しいことを心配しなくてはい

けません。テレビに出てくる若い人や子どものことばを聞いていると、「いくつことばを知っているのかな」と問いかけたくなります。

ことばというのは人間の宝物です。ことばがあるからこそ、人間が人間になるのです。ですから、それを豊かに使えるということは、人間として深く細やかで、人間らしいということではないでしょうか。

最初に頭に浮かんだことばは、捨てます

きれいな花が咲いています。「わーっ、きれい！」と、つい言いたいところですが、それは一度心の中で捨てます。色がきれいなのかな、形が愛らしいのかな、珍しい季節に咲いているのかな、などと、もう一度「きれい」な理由を考え直してから、ことばを発するように私は心がけています。

それだけでも、少しは、ことばが豊かになるのではないかと思

うからです。

昨今のテレビなどを見ていると、本当に日本語の語彙が貧弱になっているなと悲しくなります。ことばは、自分の心を伝え、相手の心を知るためにどうしても必要なものです。ですから、それが豊かであるということは、人間として、とても素晴らしいことでしょう。

自分のことばを豊かにする、磨くことは、生涯、心がけていくべきことだと思っています。

バカにしている人とは、本気で話したくないでしょう

話し合いというのは本当に大事なことです。とくに、戦後、民主主義の世の中になったとき、私はこの話し合いの力が、これからの日本を左右するものだと思いました。人々が自分の意見をはっきり表せない、聞き取れないところから、戦争への道がならされていったのですから、今度はそんなことにならないように、話す力、聞く力を子どもにつけさせなくてはならないと、私は緊張

しました。

でも、それはなかなかむずかしいことです。話し合いの指導のしかたが十分に研究されてこなかったこともちろんですが、話し合いが成立するためには、クラスならクラスの人間関係がしっかりしていないといけないからです。

クラスの中の誰か一人でも、たった一人でも、誰かをバカにしたり侮っていたりしたら、もう成立しないのです。誰だって、自分がバカにしている相手に、本気で話をしようとは思わないでしょう。

また逆に、あの人に自分はバカにされているな、無視されているなと思っている人がいても、だめです。実際にそうされているかどうかではなくて、そういう気持ちを持っている人がいたら、その人は話す気にはならないでしょう。今日は黙っていよう、と思うのではないでしょうか。

つまり、誰もが誰をも侮っていない、侮られていると思う人もいない、そういう空気ができていないと、話し合いの場にはなっていないわけです。

人に聞き返されてはいませんか

教室で、あるいは友人や家族と話しているとき、自分が何か言った後で、「え？」「なに？」と聞き返されることはないでしょうか。あるいは、自分が話したことが人に取り違えられて、「ちがうちがう、そうじゃなくて」ともう一度説明することはないでしょうか。

私は、それが、自分の話がわかりやすいものだったか、はっきり意図を伝えていたか、をふり返るひとつの目安だと思っています。

周りがうるさかったり、聞き手がよく聞いてくれなかったということもあるでしょうが、話す力を磨こうとするのでしたら、「聞き手が悪い」などと言っていてはいけません。聞き返されたら、自分の話し方がまだ十分ではない証拠だと思って、工夫を重ねたいものです。

「祈りは、聞かれるものですか」

これは内村鑑三先生の説教集にあったことばです。病気の子どもを持つある女の人が、内村先生にこう尋ねているのです。私は本当にびっくりしました。内村先生は、どうお答えになるのでしょう。

聖書には「祈りは聞かれる」と書かれています。聖書を信じ、聖書とともに生きていらした内村先生が、その聖書のことばを否定するようなお答えをなさるわけがありません。

しかし、もし祈りがすべて聞かれるなら、死ぬことがなくなったり、テストで百点ばかりとれたり、ほしい物が全部手に入ったりすることになります。ですから、この質問には、肯定も否定もできないだろうと、私は読みながらどきどきしていました。

内村先生のお答えはこうでした。

「祈って祈って祈り抜きなさい。聞かれても聞かれなくてもいい世界が開かれるでしょう」。

祈り抜いたとき、その結果がどうでもいい世界に至る、それとは関係のない彼方の世界が開けるというのです。

私はこの答えに心を打たれました。勉強もそうだ、と思ったのです。

誰々よりできたできない、そんなことが気になるのは、教師にも子どもにも、余裕というか隙間のようなものがあるからだと気づいたのです。一生懸命自分の学習に打ち込んでいれば、そんな隙間は生まれてきません。優劣など頭に浮かぶひまのない世界にまで、教師は子どもを連れて行かなくてはいけないのだと思いました。

しかられ上手であることが必要です

勉強の途上にある子どもたち、それに研修を続けていくべき教師たちは、「しかられ上手」であることが、必要なようです。悪い点、至らない点を、目上の方や指導者からズバズバと言っていただきやすい人であるというのは、成長発展のためにとても大切なことだと思うからです。

人は誰でも他の人から悪く思われたくありませんから、「どうぞご批評を」と言われても、批評する側も、思い切り話せる相手と遠慮してしまう相手があるものです。ですから、お教えをいただく場合、厳しいおことば、本当のおことばがいただけるようなそういう人になっていなくてはならないと思うのです。そのことばを栄養として、自分を育てていかなくてはならないからです。

何かの作品を見ていただいて批評していただくようなとき、次のようなことを口にすると、本当のおことばがいただきにくくなります。

「私は一生懸命やりましたので」

そう言わなくても、一生懸命やったことは作品を見ればわかります。なのに、発表者がまずそう言ってしまうと、悪いところが言いにくくなるものです。

それから、「私なりに工夫して」と言う方もあります。そうですか、あなたなりにやったなら、なにも批評する余地はありませんね、という気持ちになります。他の立場から見てどうかをうかがいたいのだから、「私なりに」を言ってしまってはおしまいです。

「時間がなかったから、こうなんで」と、作品をかばうようなこともおかしいです。時間があれば、もっとよくできたというのでしょうか。時間があってもなくても関係ないのです。今ここにある作品について、批評をいただかなくてはならないのです。作品のつたなさを外側の事情によるものだと弁解されては、じゃ時間があったらすべてできる方なんだな、批評しなくてもいいなという気持ちにならないでしょうか。

このように自分で自分をかばうようなことばが過ぎると、批評のことばを封じてしまいます。自分を育てるおことばをいただけないようになります。

それは、ことば遣い、言い方の問題だけではないと思います。その根本となるのは謙虚な心、自分に対して厳しい心です。それが「しかられ上手」につながります。

「裾を持ちなさい」

子どものころ、私たちは夏には浴衣を着て寝ました。朝、その浴衣をそのままにしておいてはいけません。畳んで置いておくのですが、私はいくらやってもきちんと畳めませんでした。「もう少しきちんとしなさい」と言われないように、四苦八苦していたんです。でもどうやってもうまくいかなかったときに、通りがかった母が、一言、「裾を持ちなさい」と声をかけてくれました。

浴衣には両脇にわき縫いというのがあります。そこの裾を持ってから肩のほうを持つと、ぴーんと長方形になります。裾を持たずに上だけ持っても、だらしなく斜めになるだけです。母のこの一言で、たちまち私は、浴衣をきれいにきちんと畳めるようになりました。

教師になって、私は子どもたちに「ああしなさい、こうしなさい」という立場になりました。そのとき、私は「きちんと畳みなさい」と言うのではなく、「裾を持ちなさい」と言える教師でありたいと思っていました。

「姿勢をよくしなさい」「よく読みなさい」と言うのではなくて、

自然にそうなっていくようにするのです。姿勢をよくしなければならないのなら、自然にそうなるような一言をかけたい。

「きちんと畳みなさい」は、棘のあるような、人を責めるような言い方ですし、ではどうすればいいのと言いたくなります。でも「裾を持ちなさい」と言われたら、誰だって裾ぐらい持てますし、そして確実にきれいにきちんと畳めます。

小言でなく、具体的で必ず成功できることを適切に指示できてこそ、教師ではないかなと思いつつ暮らしてきました。

失敗に対しては寛大でありたいものです

教室では、子どもといろいろな約束を作ったりしてしつけていきます。でもちょっとしたことで子どもが失敗したときは、あまり責めませんでした。まちがえたのでしょう、自分で気がついて直すでしょうと考えて、悪気のない失敗は大目に見て、黙っていました。

いちいち「言ったとおりにしなさい」と言うことは、子どもを不愉快にさせ、教室の雰囲気を固くします。先生が怒るからこわいといった緊張があっては、物を自由に考える場ではなくなってしまいます。教師は失敗に対して寛大でありたいものです。ついやったのだろう、という思いやりをもつことが大事です。

忘れ物もそうです。大目に見たからといって、特に忘れ物がふえるというわけでもないのです。ですから、教科書なら他の組から借りてきなさいと言っていました。その時間に授業に差し支えることが一番困ることですから、借りられる物なら借りればいいと考えていました。忘れたことをそこで責めても、何の力がつくわけでもありません。教師の気がすむだけのことです。

「このクギの穴は残っているんだ」

アメリカの有名な大統領ワシントンの少年の頃のエピソードです。サクラの木を切った話でわかるように、ワシントンは相当ないたずら坊主だったようです。

困ったお父さんは、ワシントンを呼んで、「これからおまえが悪いことをしたら、このキッチンの柱にクギを一本打ち込む。その代わり、いいことをしたら、一本抜く」と言いました。こうすれば、いたずらが減ると思ったのでしょう。しかし、なかなかいたずらはやまず、柱はクギだらけになりました。

やがてワシントンも考えるようになって、優しい心を見せたり人を助けたりするようになります。そのたびにお父さんは黙ってクギを抜きました。減ったり増えたりが続いて、ある日、とうとうクギは一本もなくなりました。

お父さんはワシントンを呼んで、柱をなでさせ、「おまえは本当にいい子になった。ごらん、クギはもう一本もない」。ワシントンもニコニコしました。

「だけどね」とお父さん。「クギは一本もなくなったけれど、このクギの穴は残っているんだ。神様でなければ、この穴を元通りにすることはできないんだよ」

ワシントンはそれから一生涯、抜けばいいのではない、クギを打ち込んではならないという考えを心に持っていたと言います。

し残しておけばいいのです

教師とは子どもにいろいろ教えたいものです。あれもこれも、ここもわかっただろうか、ここはつかめただろうか……。初めから終わりまで丁寧に教えていこうとしがちですし、予定した授業内容をすべてこなしたくなるものです。

国語の授業で一つの作品を読むときなど、一つ一つの文について細かく丁寧に見ていこうとしたりします。そして時間がなくなると、「ここで切るから、あとは自分でやっておきなさい」と指示する先生もいます。そういうことは言うものではないと思います。し残しておけばいいのです。

面白いと思ったら、何も言わなくても、子どもは自分で、その次どうなったかなと思って本を開いたりします。それが自主的な学習というものです。

「そこで切ったら、その先を一人で読むなんてことはしない」と判断せざるを得ないなら、それはそこまでの指導が悪かったということです。大失敗なのです。

少し上手になりたい、と考えて、するようにしています

私が女学生のころのことです。お習字というのはとても大切な科目だったのですが、私は一生懸命やっても、どうしても字を上手に書けなくて、悲しくて悩んでいました。あるとき、お習字の溝上先生という方に、「どうしたらいいでしょうか」とお聞きしました。先生は、しばらく黙ったあとに、「そんなに気にしないでも、字を書くときに、少し上手に書こうと思って書けばいいの

ではないかしら」とおっしゃいました。

私はそのときは、なんだか物足りないお答えのような気がしました。それでも、先生のおっしゃったことは守ろうと思って、字を書くとき、さーっと何気なく書いてしまわないで、「少しきれいに書きたいわ」と思うようにしたのです。

それで字がうまくなったかどうかはわかりませんが、人を教えるようになってから、このときの先生のことばがとても大事なことばだったと気づきました。何かするときに、さーっとやってしまわないで、「少し上手になりたい」と心がけることが、その人を伸ばすのです。字を書くことだけではなく、話をするときでも、何かのお稽古をするときでも、「少しよくしたい」と意識してやっていくと、少しずつ少しずつ成長していくもののようです。

のちに教師として授業をするときに、持ち合わせの力や知識でやらずに、「少しでもよく」と意識して私は取り組んできましたが、それはあのときの先生のことばに支えられていたのだと思います。

今日だけ教えているのではないのですから

ある授業をして、それが完全に終わらなくても打ち切らなくてはならない場合もあります。あの子はわかっただろうか、この子は途中で切れてしまったのではないだろうかと心配になります。

しかし、そういうときもあきらめなくてはならないのです。一クラス何十人かの子どもをみんな同じ高みまで、同時に連れて行かなければならないという気持ちを持っていると、焦るばかりです。焦って苦しんでも、そういうことは成果が上がらないものです。

今日だけ教えているわけではないのですから、あの子は、ここがわかっていないな、この子はここを読みとれていないな、と、私が覚えていればいいのです。そして挽回するというか、別の日、別の授業で、そこの力をつける工夫をすればいいのです。

バケツの水を捨てるときのように

掃除の後、バケツの水を捨てるときに、ぐるぐるぐるぐる回してポイと捨てると、底のほうに沈んでいた澱が浮かんできて捨てられます。でもその回転を途中でやめたら、また澱が沈んでしまいます。

人間の頭もそれと同じではないか、と子どもに話すことがありました。ゆっくり少しずつやっていたのでは、アイディアが出てこないということがあります。ですから、ぐるぐるかき回して、ぱっと捨てるように進めていくのです。

とくに文章を書くときなどに、そういう場面があるようです。カードやメモに、頭に浮かぶことを次から次へと頭がからっぽになるまで、「書くことがない」というところまではき出していくのです。

こうやっていくと、自分でも知らなかったような自分の持っている考えが浮き上がってきます。

そのようにしなければ、私たちは心の底に沈んでいる自分の大切な思想を引き出すことができないもののようです。

それを目覚めさせるために、ぐるぐる回していくこと、からっぽになるまで頭を使い、鉛筆を止めずに書き続けること。そこからいい文章、いい見方が生まれて来るというのは、私の実体験でした。

この人と友達になってもらえるかしら

教室にいて子どもを見ていますと、非常にすぐれたほれぼれするような力を持った子どもがいます。私は「自分が同じ年頃だったら、この人に友達になってもらえるかしら」と考えてしまうことがあります。たぶん、なってもらえないような気もしてきます。

さしあたり年齢がその子のほうが若くて、先に生まれた私がいちおう「先生」になっていますが、だから子どものほうが劣っているというわけではないのです。

そもそも、私の教えている子どもがみんな私より上ではない、せいぜい私ぐらいのところでとまるのだったら、どうしましょう。国を支える宝となるような人が、いてくれなくては困るのです。実際には私たち教師よりもっともっと素晴らしい人材がたくさんいるのです。年が小さいから、教え子として、ここにすわっているにすぎません。

「この子たちは自分をはるかに乗り越えて、未来の国をつくっていってくれる人なんだ」そういう敬意をもって、子どもという宝物に接していかなくてはならないと思います。

「なんにも考えてこなかったのですが……」

教師たちの会に、俳優の森繁久弥さんを講演にお招きしたことがありました。みんなが楽しみに待っているところへ、森繁さんが走るようにはいっていらっしゃいました。「遅くなりました。いま旅から帰ってきたもので」とおっしゃり、「なんにも考えてこないで、先生がたの前でお話をするなんておこがましいようですけれど」というふうに話し始められました。しかし、大変面白く、心にしみるお話でした。

さてお話が終わって、「何かこの際、お聞きしたいことがありましたら」となると、一人の方が「大変おもしろいお話でした。なんにも考えてこられないのに、どうしたらそういうふうに、のびのびと、しかし筋の通ったお話ができるようになるのでしょうか」と尋ねられました。

そのときです。森繁さんが、瞬間キリっとした表情になりました。すぐまた元の穏やかな表情に戻りましたが、私にはその瞬間がわかりました。

「なんにも用意してこなかった、と言いましたが、本当は、うーんと用意してきました。みなさんに楽しんで聞いていただけるように、長い間、この話の案を練っていました。なんにも考えてこなかったと言ったのも、それも私の案でした」

会場はシーンとなりました。

私はいろいろな案があってこそ、ないように見えるすばらしさが心にしみました。案はいくら練っても練りすぎることはないということ、それをなんでもないように、重い感じにならないようにして、気軽に聞いてもらうためには何倍もの苦心がいることを知りました。なんにも考えていないような自然さがあるからといって、なんにもないいんだと思ったりするのが、どんなに浅いものの見方か、話すことの難しさに思いを致していないことであるかと気づきました。

灯し続けることば

2004年 7 月 1 日　初版第 1 刷発行
2024年 6 月10日　　　第16刷発行

著者　大村はま
発行人　北川吉隆
発行所　株式会社小学館
〒101-8001　東京都千代田区一ツ橋2-3-1
電話　編集　03-3230-5676
販売　03-5281-3555

印刷所　文唱堂印刷株式会社
製本所　株式会社若林製本工場

ISBN4-09-840090-1